EXTRAIT

DU

RÈGLEMENT PROVISOIRE

SUR LE SERVICE INTÉRIÉUR

DES TROUPES A CHEVAL.

DE L'IMPRIMERIE DE CRAPELET.

EXTRAIT

DU

RÈGLEMENT PROVISOIRE

SUR LE SERVICE INTÉRIEUR

DES TROUPES A CHEVAL,

Contenant le titre des *Routes dans l'intérieur*, et celui des *Chefs de détachemens*, conformément aux dispositions de l'article 630.

A PARIS,

Chez MAGIMEL, ANSELIN, et POCHARD,
Libraires pour l'Art militaire, rue Dauphine, n° 9.

1816.

TABLE

DES TITRES ET DES ARTICLES.

ROUTES DANS L'INTÉRIEUR.

Dispositions préliminaires.

EXTRAIT

DU

RÈGLEMENT PROVISOIRE

SUR LE SERVICE INTÉRIEUR

DES TROUPES A CHEVAL,

Contenant le titre des *Routes dans l'intérieur*, et celui des *Chefs de détachemens*, conformément aux dispositions de l'article 630 (1).

ROUTES DANS L'INTÉRIEUR.

Dispositions préliminaires.

Article 536.

Pour disposer les chevaux à la route et reconnaître les réparations qu'elle rendrait nécessaires au harnachement, on fait, le sixième, le quatrième et le deuxième jour avant le départ, des promenades militaires avec armes et bagages ; le porte-manteau contenant tous les effets dont le cavalier doit être muni conformément aux règlemens.

Promenades militaires.

---

(1) *Voyez* le dernier article de cet Extrait.

537.

Adjudant-major partant avant le régiment.

Deux ou trois jours avant que le régiment se mette en route, l'adjudant-major qui n'est pas de semaine part pour faire dans chaque gîte les dispositions suivantes :

1°. Il se présente, à son arrivée, chez les officiers-généraux employés, chez le commandant d'armes, l'inspecteur aux revues, le commissaire des guerres et le maire, et remet aux quatre derniers une situation numérique conforme à celle établie sur la feuille de route ;

2°. Il fait préparer le logement de manière à ce que tous les officiers, sous-officiers et cavaliers du même escadron soient logés, autant que possible, dans la même rue ou le même quartier et à portée de leurs chevaux ; et les chefs d'ordinaire, dans des maisons où la soupe puisse se faire et se manger commodément et à l'avantage du cavalier;

3°. Il invite le maire de chaque endroit à ne délivrer des billets de logement que pour les habitans présens dans leur domicile, afin d'éviter non-seulement ce que les changemens entraînent de nuisible pour la discipline, en ce que les officiers et sous-officiers ignorent le logement de leurs cavaliers, mais encore les inconvéniens qui en sont toujours la suite, tels que les difficultés qu'on éprouverait si les billets se trouvaient destinés à des cavaliers retardés par quelque cause que ce soit;

4°. Il fait désigner, pour les chevaux des hommes de service, une écurie voisine, autant que faire se peut, du corps-de-garde de police;

5°. Il fait préparer les denrées nécessaires pour la consommation du régiment, et il passe à cet effet, en présence du commissaire des guerres et du maire, des marchés pour la viande, le pain de soupe et le fourrage, conformément à l'arrêté du 15 ventose an XI (6 mars 1803); les marchés pour les subsistances doivent toujours exprimer que les distributions se feront par escouade, ce qui est très-avantageux au soldat;

6°. Il demande les voitures nécessaires pour le transport des équipages, et dont le nombre est fixé par les règlemens;

7°. Avant son départ de chaque gîte, il laisse à la mairie, pour le major, une lettre par laquelle il l'informe des mesures prises pour le logement, et à laquelle il joint les marchés passés pour les subsistances et fourrages.

Lorsque le régiment doit faire séjour, il attend le trésorier pour prendre connaissance des mutations survenues, et pour être relevé si la semaine de service de l'autre adjudant-major est écoulée; toutefois le colonel est libre de le continuer dans sa mission.

538.

Tenue.

L'ordre du jour de l'avant-veille du départ prescrit la tenue pour la route. Dès ce moment, et jusqu'au surlendemain de l'arrivée à la destination, les officiers, excepté l'adjudant-major de semaine, sont libres d'être, après leur dîner, en redingotte, souliers et bonnet de police, et de vaquer ainsi à leurs devoirs, à moins qu'il n'en soit autrement ordonné à raison de circonstances particulières.

Ils ne doivent avoir que le manteau derrière la selle ; cependant, et surtout en campagne, ils peuvent porter de plus un petit porte-manteau en drap de la couleur de la housse ou schabraque.

539.

Effets à remettre au magasin du régiment.

Les effets qui ne doivent point entrer dans le porte-manteau, et qu'on permet de conserver, sont réunis en un paquet par chambrée ; on en fait ensuite, par escadron, un ballot dans lequel on renferme aussi les effets qui appartiennent à l'escadron en général, tels qu'embouchoirs, etc. Ce ballot est ficelé, étiqueté et inscrit au magasin.

Chaque maréchal-des-logis-chef remet chez l'officier d'habillement, dans une caisse préparée à cet effet, ses livres et papiers de comptabilité, de même que tous les livres de théorie, le tout ficelé et étiqueté par escadron ; il ne conserve qu'un cahier portatif contenant les deux contrôles de l'escadron, l'un par ancienneté, l'autre par rang de bataille selon la formation des pelotons, sections, escouades, et par camarades de lit ; cahier où il inscrit en outre les mouvemens, le prêt, les distributions quelconques. Il a soin de préparer d'avance les états qui peuvent lui être demandés pendant la route, tels que feuilles d'appel, de linge et chaussure, de grand et petit équipement, harnachement, etc.

540.

Les capitaines-commandans des escadrons doivent s'assurer eux-mêmes du bon état de la ferrure, et faire remettre aux cavaliers, par les maréchaux-ferrans, les fers forgés, à raison de deux par cheval, et, autant que possible, pour les pieds dont les fers déjà anciens sont présumés devoir manquer plus tôt.

Soins des capitaines pour la ferrure.

Les cavaliers demeurent responsables de ce dépôt envers les maréchaux.

541.

La veille du départ, on remet les effets de casernement.

Remise des effets de casernement. —Choix des cuisiniers.

Les cuisiniers sont pris parmi les hommes démontés ; ce qui continue d'avoir lieu pendant la route autant que faire se peut.

Logement et avant-garde.

542.

Composi-
tion et dé-
part du loge-
ment.

Le logement, composé de l'adjudant de semaine et des brigadiers-fourriers ayant avec eux
chacun un cavalier, part avec la garde montante,
deux heures avant le régiment, c'est-à-dire, au
boute-selle.

Le capitaine de distributions part avec le logement, et le commande pendant la marche.

Le trésorier ou son suppléant part aussi avec
le logement.

543.

Détails des
officiers du
logement à
leur arrivée.

Dès l'arrivée, le trésorier se rend chez le commandant d'armes, ou, à défaut de celui-ci, chez
le maire, ainsi que chez l'inspecteur aux revues
et chez le commissaire des guerres, afin de les
prévenir de l'arrivée du régiment, etc. Pendant
que les fourriers s'occupent de l'assiette du logement, il prend l'ordre pour les voitures que
l'adjudant-major doit, à son passage, avoir com-
mandées pour le lendemain.

De son côté, le capitaine de distributions va
reconnaître les denrées et le lieu des distributions. S'il ne trouve pas les qualités conformes
aux marchés, et les poids et mesures justes, il
en avertit le commandant de la place, ou, à son
défaut, le maire, ainsi que le commissaire des

guerres s'il y en a, afin qu'il soit fait droit à ses réclamations, assez promptement pour éviter tout retard dans les distributions.

Le colonel peut charger le major de marcher avec le logement, d'en diriger tous les détails et ceux des subsistances, lorsque la force du régiment ou les circonstances peuvent le lui faire juger nécessaire.

544.

L'adjudant, après s'être assuré, à l'hôtel-de-ville, que le logement est fait conformément aux principes établis en l'article 537, distribue les billets aux fourriers, avec l'attention de conserver en cela l'ordre de bataille des escadrons.

Il reçoit les billets des grand et petit états-majors. Il va visiter les logemens destinés au colonel, au lieutenant-colonel, au major et aux chefs d'escadron, afin de s'assurer qu'ils soient convenables à leur grade, et qu'il y ait place suffisante pour leurs chevaux.

Il reconnaît le corps-de-garde de police et l'écurie la plus voisine pour y loger les chevaux des hommes de garde; après quoi il installe la garde, et fait poser au logis du colonel, avec la consigne nécessaire, une sentinelle pour les étendards.

Il reconnaît ensuite les abreuvoirs et les endroits les plus convenables pour les divers rassemblemens du régiment.

Devoirs
de l'adju-
dant avant
l'arrivée du
régiment.

Il reçoit des fourriers les états du logement, dont il forme un état général et sommaire qu'il doit remettre au major. Il en reçoit aussi les billets de tous les hommes aux équipages; il les remet, avec ceux du petit état-major, au commandant de la garde de police, qui est chargé de les distribuer. Enfin, il envoie au-devant des équipages un cavalier de la garde, pour les guider au lieu où ils doivent se rendre; lieu qu'il a préalablement reconnu ou fait reconnaître par le maréchal-des-logis de garde.

Cela fait, il va lui-même au-devant du régiment pour le conduire sur la place, transmettre, s'ils lui ont été communiqués à cet effet par le capitaine de distributions et par le trésorier, les ordres que le commandant d'armes et l'inspecteur auraient donnés, tant pour la police que pour la revue de subsistance et pour les distributions, conduire les étendards chez le colonel, et remettre les billets au grand état-major. L'indication du logement des officiers qui le composent doit être remise, par ses soins, au commandant de la garde de police.

545.

Devoirs des fourriers.

Aussitôt que les fourriers ont reçu les billets de logement pour leur escadron, ils vont visiter les logemens destinés à leurs officiers, et vérifier si les écuries peuvent contenir le nombre de chevaux de troupe marqués sur les billets; ils en désignent une pour les chevaux écloppés; ils logent tous les hommes le plus près possible de leurs chevaux, et le trompette, avec le maréchal-des-logis-chef ou très-près de lui.

Ils inscrivent au dos des billets les noms des hommes auxquels ils sont destinés, ayant soin de réserver à des hommes d'une même escouade les billets qui porteraient plus de deux places. A cet effet, ils doivent avoir, outre le contrôle général de l'escadron, un contrôle par escouade et par camarade de lit.

Ils inscrivent sur un cahier qu'ils ont toujours avec eux, les logemens des officiers et celui de l'escadron, l'indication des écuries et le nombre de chevaux que chacune doit contenir.

Ils dressent en double expédition, pour le capitaine et le maréchal-des-logis-chef, un état général du logement; ils en établissent un particulier de chaque peloton pour les officiers et sous-officiers qui y sont attachés; enfin, ils en dressent, sur une feuille particulière, un relevé général et sommaire qu'ils remettent à l'adjudant, en même temps que les billets des hommes aux équipages. Ces divers états sont tracés, et les noms y sont inscrits avant le départ et pendant les séjours, de manière qu'on n'ait plus à y ajouter que l'indication des rues pour l'escadron et les pelotons, et celle des logemens pour les officiers, les sous-officiers, et pour les brigadiers.

(*A la guerre, et lors des mouvemens imprévus, ils marquent chaque maison à la craie, et indiquent ainsi le nombre d'hommes et de chevaux qui doivent y étre placés.*) (1)

Ils se rendent ensuite sur la place d'armes pour y attendre leur escadron et le conduire, lorsque le régiment se sépare, devant le logement du capitaine-commandant, ou au centre du quartier que l'escadron doit occuper quand le capitaine n'y loge pas.

Ils emploient, pour reconnaître les grandes écuries et y conduire les pelotons ou sections qui doivent les occuper, les hommes à pied arrivés avec le logement, ou, à leur défaut, les cavaliers qui les ont suivis personnellement.

---

(1) Cette disposition, celles concernant les escortes et convois (art. 259 et suiv.), ainsi que quelques autres, tiennent, sous d'autres rapports, au service des armées, et doivent être traitées plus amplement dans le nouveau règlement de campagne dont le ministre de la guerre vient d'ordonner qu'on s'occupât; ce règlement devant être basé sur les constitutions militaires de notre époque, et par conséquent coordonné avec les nouveaux règlemens sur le service intérieur et sur l'administration.

Hommes à pied, chevaux écloppés.

546.

Les hommes à pied et les chevaux écloppés, conduits au rendez-vous par les maréchaux-des-logis ou brigadiers de semaine à tour de rôle, partent en même temps que le logement, sous la conduite du maréchal-des-logis de la garde montante, et se rendent sur la place publique, où les fourriers leur distribuent les logemens. Si avant d'entrer dans la ville ils sont rejoints par le régiment, ils marchent à sa suite.

Lorsqu'il doit y avoir une revue de subsistance, ils attendent sur la place l'arrivée du régiment.

Le vétérinaire en second marche avec les chevaux écloppés, qui, en arrivant au gîte, sont placés par escadron dans une écurie désignée d'avance par le fourrier.

Les hommes qui les pansent sont logés dans les maisons qui fournissent les écuries, ou du moins, et seulement à défaut d'emplacement, le plus près possible.

Ils sont exempts des appels et de tout service; mais à leur arrivée, ils sont obligés, sous la direction du fourrier, de trouver le logement de leur brigadier, et les grandes écuries pour y conduire les escouades qu'ils doivent venir prendre sur la place pour cet effet.

Rassemblement et dispositions pour le départ.

547.

Rassem-
blement du
régiment.

Deux heures et demie ou trois heures avant le départ, on sonne le réveil : à ce signal, on donne à déjeuner aux chevaux. Une demi-heure après on sonne le boute-selle : à ce signal, on fait le pansage et on se prépare à partir. Une heure et demie après le boute-selle, on sonne le boute-charge : à ce signal, on selle et on charge, et on trousse la queue des chevaux s'il fait mauvais temps. Enfin, une demi-heure avant le départ, on sonne à cheval : à ce dernier signal, on bride.

On se réunit d'abord par écurie, ou par escouade lorsque les chevaux sont dispersés, et à l'endroit où, la veille, les escouades ont mis pied à terre et se sont divisées. Pendant ce premier rassemblement, les officiers ou les sous-officiers passent dans les logemens pour savoir s'il n'y a point de plaintes.

Les pelotons, sections ou escouades, selon qu'ils sont d'abord réunis, sont amenés par leurs chefs au rassemblement de l'escadron. Le maréchal-des-logis-chef réunit l'escadron, fait l'appel; et s'il manque quelqu'un, il envoie de suite un sous-officier au logement de l'absent. Si on ne le trouve pas, il remet son nom au commandant de l'arrière-garde.

A mesure que les escouades arrivent, les officiers de peloton et le capitaine en second font rapidement leur inspection, qui porte principalement sur la manière dont les chevaux sont sellés, bridés et chargés. Le capitaine - commandant et les officiers supérieurs font la leur lorsqu'on s'est mis en marche, en se portant successivement à la hauteur de chaque file.

Comme à cheval on doit réunir les escadrons par rang de taille à cheval, excepté seulement pour les revues de solde et de subsistance, il est bon de maintenir cet ordre pour les routes, dans la formation des pelotons et des escouades : il en résulte qu'il arrive moins d'accidens pour les chevaux, parce que les mêmes sont ensemble dans tous les cas ; qu'il y a beaucoup plus d'ordre dans la réunion et la dispersion des escadrons ; et qu'enfin les officiers et sous-officiers ont, dans toutes les circonstances, leurs subordonnés habituels.

548.

Le régiment étant rassemblé, l'adjudant-major reçoit des maréchaux-des-logis-chefs les rapports des escadrons, les rend au chef d'escadron de semaine, et celui-ci au lieutenant - colonel, qui fait le sien au colonel.

Les capitaines - commandans font directement le leur au chef d'escadron sous les ordres duquel sont leurs escadrons.

549.

Etendards.
— Inspection des officiers supérieurs.

Le colonel passe une inspection du régiment pendant que la division de droite va chercher les étendards, si le départ ne doit pas en être retardé; autrement, il la fait pendant la marche. Quand la journée doit être forte, l'escadron qui doit prendre les étendards peut se rassembler devant le logement du colonel, pour les conduire en venant au rendez-vous général.

550.

Chevaux de main.

Les chevaux de main des officiers et ceux des escadrons sont conduits au rendez-vous général par les sous-officiers de semaine; l'adjudant sous-officier est toujours chargé de les réunir et de les remettre à l'officier nommé pour les conduire. Celui-ci observe dans sa marche, à la suite du régiment, le même ordre que les escadrons.

Dans les marches de nuit, les chevaux de main sont placés à la queue de leurs escadrons, sous la surveillance d'un maréchal-des-logis désigné par le capitaine-commandant.

551.

Arrière-garde et prisonniers.

L'arrière-garde se compose, en tout ou en partie, de la garde descendante; elle est commandée par un officier.

Ce commandant fait arrêter tous les hommes qu'il rencontre sans permission valable, et spécialement ceux qui lui auraient été désignés pour avoir manqué à l'appel. Dans cette vue,

il fait ou fait faire une ou plusieurs patrouilles qui visitent avec diligence les divers
quartiers de la ville, et particulièrement les logemens ou cabarets dans lesquels ces militaires
peuvent s'être arrêtés.

Avant de se mettre en route, il prend à la mairie le certificat de bien vivre.

L'arrière-garde prend les prisonniers et en ré-
pond; à l'exception des sous-officiers, ils doivent
marcher l'habit retourné. Elle les conduit, ainsi
que les hommes à pied qui lui sont consignés et
ceux qu'elle a arrêtés depuis, et ne laisse per-
sonne derrière elle.

Quand le régiment voyage au trot, ou que les
prisonniers l'empêchent même de le suivre lorsqu'il est au pas, le commandant de l'arrière-
garde remet les prisonniers et consignés au maréchal-des-logis avec escorte suffisante, et suit,
avec le reste de son monde, le régiment à une
distance de cent pas environ.

En arrivant au gîte, les prisonniers sont remis
à la garde de police.

L'habitude de faire marcher les prisonniers à
l'avant-garde gênant la marche du régiment, on
n'y enverra que ceux mis à pied pour une faible
partie de la journée.

Départ et marche.

552.

Les escadrons alternent. — Le départ ne s'effectue qu'au jour.

Les escadrons tiennent alternativement la droite.

La marche de nuit étant trop fatigante pour les hommes et les chevaux, le régiment ne se met pas ordinairement en route avant le jour; et lorsque le trajet doit être court, il part le plus tard possible pour donner plus de repos aux chevaux et aux cavaliers.

553.

Avant-garde et hommes à pied dont elle peut être chargée.

Un brigadier et quatre cavaliers forment l'avant-garde. Deux des cavaliers marchent les premiers à quinze pas en avant du brigadier, qui, suivi des deux autres, marche à cinquante pas en avant des trompettes.

Cette avant-garde est chargée des hommes condamnés à pied pour une partie de la journée seulement.

554.

Place et service des trompettes.

Les trompettes marchent réunis à la tête du régiment, excepté celui qui est de garde et qui suit le commandant du régiment. Ils sonnent toutes les fois que le régiment passe dans une ville et dans un bourg ou village.

Dans les marches de nuit, il y en a toujours un à chaque escadron, dans le but de sonner des appels, qui sont répétés jusqu'à la tête du régiment, si l'obscurité ou la difficulté des chemins arrêtent la marche. Il est en outre détaché un officier pour instruire le commandant de la colonne du sujet de retard. Dès qu'on peut se remettre en route, on sonne des couplets de marche, qui sont aussi répétés jusqu'à la tête.

555.

Au commandement *par deux*, la troupe se met en marche en bon ordre, le sabre à la main ; les trompettes sonnent la marche et des fanfares ; hors des faubourgs, les trompettes cessent, on fait remettre le sabre, et on commande ensuite *repos*.

Départ.

556.

On doit toujours commencer la route au pas, mais on peut en faire quelques parties au trot ; cette allure convient de temps en temps pour replacer les cavaliers, surtout lorsque le sommeil les gagne.

Allures pendant la marche.

Quand on voyage au trot, les officiers qui conduisent les têtes des escadrons doivent toujours soutenir la même allure sans chercher à reprendre leur distance : en suivant ce principe, ils la reprennent naturellement ; ce qui fatigue beaucoup moins les chevaux que de trop fréquens changemens d'allure.

C'est aux chefs d'escadrons, qui doivent marcher habituellement au centre et sur le flanc des

2

escadrons qu'ils commandent, à faire observer avec soin ces dispositions.

557.

Attitude à cheval surveillée.

Pendant la marche, les officiers et sous-officiers veillent à ce que les cavaliers soient tranquilles et d'aplomb sur leurs chevaux, et à ce qu'ils ne sortent pas du rang sans ordre ou sans permission.

558.

Haltes.

Lorsque le régiment doit s'arrêter, la tête ralentit son allure pour rétablir les intervalles entre les escadrons, et afin qu'au commandement de *halte*, chaque escadron s'arrête sur le terrain qu'il doit occuper. Un demi-appel annonce que l'on va mettre pied à terre ; alors chaque rang appuie à droite ou à gauche pour avoir plus de facilité à le faire ; au second demi-appel, on met pied à terre et ensemble.

La première halte doit avoir lieu trois quarts d'heure après le départ ; les autres d'heure en heure, et toujours à quelque distance des villages ou habitations, pour ôter aux cavaliers l'occasion et les prétextes de s'écarter.

La grande halte se fait à moitié chemin : elle doit être un peu plus longue que les autres, mais rarement au-delà d'une demi-heure.

La dernière se fait à un quart de lieue du nouveau gîte.

Lorsque, dans certaines haltes, le lieutenant-colonel juge nécessaire de donner une sentinelle ou une garde spéciale à l'étendard, elle est fournie par l'escadron avec lequel l'étendard se trouve.

A chaque halte, et particulièrement à la première, les officiers et sous-officiers s'assurent que les cavaliers replacent les couvertures, ressanglent les chevaux, et replacent les charges dérangées. A la dernière, on rétablit la tenue.

La sonnerie indique l'instant de remonter à cheval, ce qui doit s'exécuter par tout le monde en même temps. Les capitaines veillent à ce que chacun reprenne son rang avec tranquillité. Un couplet de la marche annonce le départ.

Si le régiment arrivait dans un lieu où il y eût garnison, ou dans une ville un peu considérable, les paremens des manteaux seraient mis en dehors et les housses détroussées : l'ordre en serait donné et exécuté à la dernière halte.

559.

Quand un brigadier ou cavalier désire s'arrêter, il doit laisser son cheval au cavalier qui marche à côté de lui ; mais cela ne doit arriver que rarement, les haltes étant assez fréquentes pour que les hommes aient alors le loisir de satisfaire à leurs besoins. Cependant, si le cavalier étoit vieux ou indisposé, le capitaine devrait lui laisser son cheval, en le faisant

Chevaux
des cavaliers
qui s'arrê-
tent.

accompagner d'un brigadier pour le ramener dans le rang, ou au gîte, si l'indisposition le retenait.

560.

Si le régiment, étant en marche, est rencontré par le Roi ou un Prince du sang, il s'arrête, met le sabre à la main, et se forme en bataille; les étendards et les officiers saluent ; les trompettes sonnent la marche.

En tout autre cas, et pour tout officier-général, si le régiment ne reçoit pas l'ordre de se mettre en bataille, il rectifie, sans s'arrêter, l'alignement de ses rangs, observe le bon ordre et le silence.

Si le régiment en rencontre un autre, il prend et cède réciproquement la droite; tous deux peuvent continuer à marcher, si le terrain le permet. Dans le cas contraire, si c'est une troupe d'infanterie, le régiment s'arrête pour la laisser passer; si c'est un corps de cavalerie, le premier dans l'ordre de bataille est le premier à continuer sa marche. Hors cette seule occasion, on n'arrête point, mais les trompettes sonnent, les cavaliers s'alignent dans leurs rangs, et tous les officiers et les sous-officiers ont attention qu'il ne soit tenu à la troupe qui passe aucun propos qui puisse l'offenser de quelque manière que ce soit.

Lorsque le régiment traverse une ville importante, ou que dans une autre il y a garnison ou des gardes sous les armes, il met le sabre à la main.

Arrivée au gîte.

561.

Lorsque la revue de subsistance, où tout doit paraître, est passée dans les places où elle doit avoir lieu, et que les bans et défenses ont été publiés, on sonne à l'ordre : le cercle se compose du colonel, du lieutenant - colonel, du major, du chef d'escadron et de l'adjudant-major de semaine, du chirurgien - major, du capitaine de distributions, de l'adjudant sous-officier, des maréchaux - des - logis - chefs, du trompette-maréchal-des-logis et du vétérinaire en premier.

Ordre donné.

On donne l'ordre pour les distributions, pour la tenue, les visites de corps, etc. ; pour le pansage général et le pansement des chevaux blessés ; pour l'inspection, s'il y a séjour ; enfin on indique l'heure et le lieu du rassemblement et du départ.

562.

L'ordre donné, le commandant fait conduire les étendards à son logis en la manière accoutumée ; il fait ensuite rompre le régiment par deux et par escadron.

Les étendards conduits chez le commandant.

563.

Ordre dans lequel chaque escadron doit se rendre au logement.

Le brigadier-fourrier marchant à la tête conduit l'escadron devant le logement du capitaine-commandant, ou au centre du quartier qu'il doit occuper. Les officiers marchent avec lui. Le capitaine-commandant le met en bataille, et après que le maréchal-des-logis-chef a donné l'ordre, commandé le service, et que les billets de logement ont été distribués, le capitaine-commandant, ou le capitaine en second, fait mettre pied à terre en règle et défiler. Chaque cavalier conduit son cheval à l'écurie qui lui est désignée. On ne fait pas mettre pied à terre aux escouades dont les écuries sont trop éloignées.

Le fourrier remet au corps-de-garde l'état du logement et les billets des hommes qui ne seraient pas arrivés avec le régiment.

564.

Premiers soins, les chevaux étant entrés aux écuries.

Dès que les chevaux sont entrés dans les écuries, on les débride, on les attache assez court au ratelier pour qu'ils ne puissent se rouler; on les décharge, on déboucle le poitrail, on lâche un peu les sangles et on dégage la croupière.

Les armes, brides, housses, manteaux et porte-manteaux sont portés au logement.

565.

Moment où les officiers et cavaliers se rendent à leur logement.

Quand les chevaux sont placés et déchargés, les officiers de peloton vont à leur logement, ainsi que les cavaliers, qui doivent aussitôt prendre la tenue d'écurie, même ceux à qui il est permis de loger avec les officiers.

566.

Tout officier ou sous-officier qui rencontre un cavalier à cheval quand les escadrons ont mis pied à terre doit le faire descendre, et en rendre compte au capitaine de l'escadron dont le cavalier fait partie, afin qu'il soit puni.

Défense aux cavaliers de chercher leur logement à cheval.

567.

Le trompette de garde (et il en est commandé deux dans les grandes villes) est sous les ordres immédiats du maréchal-des-logis-de garde et de l'adjudant de semaine, qui le dirigent pour les sonneries.

Trompette de garde.

Distributions.

568.

Une heure après l'arrivée du régiment, on sonne la breloque ou les distributions. A ce signal, les maréchaux-des-logis et brigadiers de semaine, ainsi que les fourriers, rassemblent leurs escadrons à l'endroit où ils ont mis pied à terre, et les conduisent en bon ordre au rendez-vous général. Dès qu'ils sont réunis, le capitaine de distributions en prend le commandement, divise les corvées par nature de distributions, y répartit les officiers de semaine, qui tous doivent s'y trouver, et agit en tout d'une manière analogue à ce qui est prescrit au titre Distributions, page 2o3.

Rassemblement pour les corvées, etc.

569.

Viande et pain de soupe.

Les bons de viande et de pain de soupe expriment ce qui revient à chaque escouade, et la distribution se fait en conséquence à chacun.

570.

Comptes rendus et payement des distributions.—Bordereaux remis par le trésorier aux capitaines.

Les distributions finies, le capitaine de distributions va en rendre compte au major; celui-ci au colonel.

Le trésorier paye les fournisseurs suivant les marchés passés par l'adjudant-major qui a précédé le régiment, après qu'ils ont été visés par le major; et il en retire les reçus nécessaires.

A l'arrivée à la destination, il remet à chaque capitaine-commandant le bordereau des distributions faites à son escadron pendant la route. Celui-ci, après l'avoir comparé avec le livre du maréchal-des-logis-chef, le fait afficher dans chaque chambrée pour ce qui regarde l'emploi de la solde de route, dont le restant doit être réparti aux ordinaires.

571.

Soins aux écuries au retour du fourrage.

De retour aux écuries, les cavaliers donnent à manger aux chevaux, sous la surveillance des maréchaux-des-logis de section, qui ne les laissent desseller que lorsqu'ils n'ont plus chaud, et qui aussitôt après les font bien bouchonner et attacher à la mangeoire.

Si le temps le permet, les selles sont exposées

au soleil ou à l'air ; mais dans tous les cas, les sous-officiers empêchent qu'elles soient placées en des endroits humides et que les panneaux soient contre terre.

572.

Dès que les brigadiers sont de retour avec les vivres, ils font mettre la soupe sur le feu. Ce sont, autant qu'il se peut, des hommes à pied qui doivent la faire.

Soupe faite par les hommes à pied.

Pansage.

573.

A l'heure indiquée, le trompette de service annonce le pansage. Cette sonnerie doit être répétée par tous les trompettes au centre du quartier qu'occupent leurs escadrons, afin que le pansage se fasse partout en même temps. Il doit durer au moins une heure, et l'on doit faire plus souvent usage du bouchon que de l'étrille, surtout sur le dos du cheval, cette partie étant, en route, plus sensible en raison de la sueur occasionnée par la selle et la charge.

Sonnerie, moment et durée du pansage, etc.

574.

Le pansage en route est tellement important, qu'il exige la surveillance particulière des officiers et sous-officiers de peloton. Si des escouades sont trop éloignées des autres, les officiers et sous-officiers partagent entre eux la surveillance ; les uns et les autres ne doivent se retirer

Surveillance des officiers sur le pansage et l'état de santé des chevaux.

que lorsque les chevaux ont mangé l'avoine, et qu'on leur a donné du foin à défaut de paille.

Les commandans des escadrons doivent profiter du moment du pansage pour voir les chevaux de troupe, et s'ils étaient trop dispersés, ils doivent leur assigner un point de réunion.

575.

Abreuvoir. Quand il y a des abreuvoirs commodes pour passer les chevaux à l'eau, les officiers et sous-officiers doivent les y faire conduire en règle, ayant soin de s'informer s'il existe des endroits périlleux, afin de les signaler et de les faire éviter.

576.

Garde d'écurie. Quand il y a plus de quinze chevaux réunis, on met un garde d'écurie.

Ordinaires et logemens.

577.

Les ordinaires se font chez les brigadiers, qui demeurent responsables du bon ordre, de la tranquillité et du respect que l'on doit aux habitans et à leurs propriétés. Ils doivent acheter, à l'exception du bois, tout ce qui est nécessaire ; en conséquence, ils ne doivent souffrir aucun objet de maraude, et cela, sous des peines très-sévères prononcées par les lois et règlemens existans. Les hôtes ne sont obligés de fournir pour l'ordinaire que la place au feu, les pots, plats, assiettes et autres ustensiles de cuisine.

Non-seulement dans les ordinaires, mais encore dans tous les logemens, les cavaliers ne doivent rien exiger; et quand même leurs hôtes leur refuseraient ce qui leur est légitimement dû, comme draps propres, etc., ils doivent s'abstenir de tous mauvais procédés ou voies de fait, mais attendre l'arrivée des officiers ou sous officiers de peloton, auxquels ils font leurs plaintes, et qui sont chargés de leur faire rendre justice. Les hôtes doivent, avec ce qui est détaillé ci-dessus pour l'ordinaire, le coucher tel que le prescrit l'ordonnance; mais ils ne peuvent être déplacés du lit ni de la chambre qu'ils occupent habituellement.

Officiers et sous-officiers de peloton.

578.

En route, le service de semaine des officiers se borne à l'appel du soir et aux distributions; chaque officier est chargé de tous les autres détails pour son peloton, duquel il doit toujours avoir avec lui l'état nominatif.

A cause de la surveillance active et soutenue dont le service des écuries a besoin en route, les maréchaux-des-logis et les brigadiers continuent le service de semaine en entier, sans que cela doive dispenser les sous-officiers de prendre plus

Service de semaine.

de part qu'en garnison aux détails dont ils sont chargés.

579.

Visites des officiers dans les logemens.

Tous les jours avant le pansage, les officiers de peloton, accompagnés d'un maréchal-des-logis, parcourent, autant que possible, tous les logemens, et visitent particulièrement celui du brigadier où se fait l'ordinaire, afin de recevoir les réclamations des cavaliers, de les porter eux-mêmes au maire de la ville, si elles sont fondées, et de faire droit aux justes plaintes que les hôtes auraient à porter.

580.

Surveillance sur la propreté et l'entretien des effets.

Les officiers et sous-officiers s'assurent que chaque jour les cavaliers s'occupent de la propreté de leurs armes, de la propreté et de l'entretien de leurs effets et de l'équipage du cheval; qu'en conséquence ils recousent les agrafes et les boutons qui tiennent peu, qu'ils remplacent les autres, etc. etc.

581.

Pansage. — Chevaux blessés. — Sellerie, etc.

Le capitaine en second et les officiers de peloton ne peuvent se dispenser d'être présens au pansage. Ils le surveillent en tous les points, ainsi qu'il a été dit aux articles 573, 574 et 575. Ils visitent tous les chevaux, font conduire au pansement ceux qui sont blessés; désignent ceux qui ne devront pas être montés le lendemain, voient la sellerie et en ordonnent les réparations.

582.

Ils doivent donner, et faire donner par les sous officiers, l'exemple du bon ordre et de l'exactitude à tous les rassemblemens pour les divers services, et ne jamais laisser impunies l'insouciance, la paresse et la mauvaise volonté.

Rassemblemens.

583.

Pendant que les cavaliers chargent et brident leurs chevaux pour partir, les sous-officiers, et souvent les officiers passent, ainsi qu'il a été dit article 547, dans les logemens de leurs pelotons, pour s'informer si les habitans n'ont point de plaintes à former. S'il en est porté, ils en rendent compte au capitaine, après s'être assurés de la vérité en faisant comparaître ceux contre lesquels elles sont faites.

Visites du matin dans les logemens pour connaître les plaintes.

Pansement des chevaux malades.

584.

Le pansement des chevaux malades ou blessés se fait toujours devant le corps-de-garde de police. Les vétérinaires s'y rendent tous les jours à l'heure indiquée pour cet effet.

Lieu où il se fait. — Le vétérinaire s'y rend.

585.

L'officier chargé de l'infirmerie s'y trouve pour surveiller les opérations des vétérinaires.

L'officier chargé de l'infirmerie s'y trouve.

586.

Le maître sellier y est également.

Le maître sellier doit aussi assister au pansement, afin d'aviser aux moyens de faciliter la guérison des chevaux blessés, par les réparations qui seraient nécessaires à leur selle.

587.

Chevaux conduits au pansement.

Tous les chevaux écloppés y sont conduits par les cavaliers, sous la surveillance du maréchal-des-logis de semaine, qui est chargé d'informer le capitaine-commandant des décisions des vétérinaires.

588.

Compte rendu par les vétérinaires.

Les vétérinaires, après en avoir prévenu les maréchaux-des-logis de semaine, rendent compte, au chef d'escadron de semaine, des chevaux dont la charge ou même la selle doit être mise aux équipages, de ceux qui doivent être du nombre des chevaux de main, de ceux enfin hors d'état de suivre le régiment.

S'ils trouvent des chevaux douteux, ils en préviennent sur-le-champ, afin qu'on fasse loger ensemble les hommes qui les pansent, et que les chevaux soient séparés des autres au gîte et pendant la marche.

Ils doivent avoir un contrôle exact de tous les chevaux malades ou blessés des escadrons dont ils sont chargés, pour s'assurer que tous soient pansés.

589.

Le chef d'escadron de semaine rend compte au lieutenant-colonel du rapport que lui a fait le vétérinaire ; il assiste, autant qu'il le peut, aux pansemens.

Compte rendu par le chef d'escadron.

Séjours.

590.

Le jour de l'arrivée au logement où l'on doit séjourner, les officiers et sous-officiers veillent à ce que la buffleterie soit blanchie, les armes et cuirasses nettoyées, les bottes mieux graissées, les habits battus et raccommodés avec soin, les équipages du cheval complètement réparés.

Soins pendant le séjour. — Inspection.

L'inspection du séjour se passe le soir, habituellement à pied et en tenue de route.

Quand on passe l'inspection à cheval, les cavaliers à pied, ceux dont les chevaux sont écloppés, et ceux dont les selles seraient en réparation, s'assemblent à la gauche de leurs escadrons respectifs ; et lorsque les escadrons sont réunis, ces cavaliers se forment en un ou plusieurs pelotons à la gauche du régiment, sous les ordres de l'adjudant qui n'est pas de semaine.

L'assemblée par escadron et l'assemblée générale pour l'inspection se font comme pour le départ.

591.

Revue générale des chevaux.

Le même jour, il y a une revue générale des chevaux par les vétérinaires, en présence des capitaines, officiers et sous-officiers des escadrons.

Appels de retraite ou du soir.

592.

Lieux où les trompettes se réunissent et sonnent la retraite.

Tous les soirs, à l'heure indiquée, le trompette-maréchal-des-logis et tous les trompettes se trouvent devant les étendards pour y sonner la retraite; ils la sonnent en outre partout où l'indique l'adjudant-major; ensuite chaque trompette va la sonner dans le quartier qu'occupe son escadron, et celui de service devant la garde de police.

Lors d'un séjour dans une place où il y a des troupes, les trompettes, au lieu de se rassembler aux étendards, se réunissent aux tambours et trompettes de la garnison.

593.

Réunion du régiment pour l'appel.

A cette sonnerie, tous les cavaliers, brigadiers, brigadiers-fourriers, sous-officiers, l'adjudant, les officiers de semaine et le chef d'escadron de semaine se rendent sur la place indiquée.

594.

Appel fait. — Compte qui en est rendu.

Une demi-heure après la retraite, le trompette de service sonne un appel; les escadrons se forment sur deux rangs, et le maréchal-des-logis-chef fait l'appel, dont il rend compte à l'adjudant et à l'officier de semaine, qui le rendent à l'adjudant-major; celui-ci rend l'appel général au chef d'escadron, qui le transmet au lieutenant-colonel.

595.

L'adjudant-major donne l'ordre à tous les maréchaux-des-logis-chefs assemblés, qui vont ensuite le communiquer à l'escadron; après quoi l'officier fait rompre les rangs.

Ordre donné.

596.

Si un cavalier se trouvait absent pour cause d'indisposition, le maréchal-des-logis de sa section irait de suite à son logement s'assurer de la vérité, et reviendrait promptement en rendre compte à l'officier de semaine.

Absence d'un cavalier.

597.

Lorsque les escadrons sont trop éloignés, ou que le temps ne permet pas de faire l'appel sur la place, il se fait par escadron au centre du quartier qu'ils occupent, et en présence de leurs officiers. Les billets d'appel sont signés de l'officier de semaine, et portés par le maréchal-des-logis-chef à l'adjudant de semaine, qui les remet à l'adjudant-major.

Cas où le régiment ne peut être réuni.

Mais, dans ce cas, l'officier supérieur de semaine, l'adjudant-major, les adjudans, les maréchaux-des-logis-chefs, le trompette-maréchal-des-logis et le vétérinaire en premier se trouvent devant le corps-de-garde de police une heure avant celle de l'appel, afin de recevoir du lieutenant-colonel les ordres pour le lendemain. Les adjudans en informent les officiers supérieurs. Les maréchaux-des-logis-chefs les transmettent aux escadrons à l'heure de l'appel, les font transmettre aux officiers par les sous-officiers, et en donnent connaissance eux-mêmes à leurs capitaines. Le vétérinaire en premier prévient ou fait prévenir le vétérinaire en second.

598.

Souper des chevaux.

Aussitôt après l'appel, on donne à souper aux chevaux en présence des sous-officiers, après quoi les cavaliers sont tenus de rentrer dans leurs logemens.

599.

Patrouilles après l'appel. —Hommes arrêtés.

Une demi-heure après l'appel, le commandant de la garde de police fait faire de fréquentes patrouilles pour faire rentrer à leur logis les cavaliers que l'on trouverait dans les rues, et conduire au corps-de-garde ceux qui seraient pris de vin ou qui feraient du bruit.

Le lendemain, au réveil, il renvoie à leurs escadrons ceux qu'il croit n'avoir pas mérité une plus longue punition, et en rend compte à l'adjudant-major lorsqu'il vient au corps-de-garde de police pour savoir ce qui s'est passé la nuit. Quant à ceux qui auraient mérité une plus longue punition, il attend les ordres du lieutenant-colonel.

Équipages.

600.

Les équipages sont aux ordres exclusifs d'un officier nommé par le colonel, et qui a à sa dis-position le vaguemestre et un brigadier désigné pour toute la route.

601.

Les domestiques des officiers et les vivandiers qui marchent avec les équipages doivent obéir à l'officier, au vaguemestre et au brigadier chargé de leur conduite.

602.

Les porte-manteaux doivent être solidement fermés, et porter d'une manière lisible et ineffa-çable le nom de ceux auxquels ils appartiennent.

Les selles doivent aussi être étiquetées, et les courroies et étrivières arrangées de manière à ne point se perdre.

Les bagages doivent être pesés, numérotés et enregistrés.

603.

Les porte-manteaux des officiers doivent être liés ensemble par escadron. Le vaguemestre et le brigadier alternent pour les leur remettre chaque jour entre deux et trois heures, et les recevoir dans l'heure qui suit la retraite.

Les porte-manteaux de la troupe ne sont délivrés que pour les séjours.

Il n'est reçu ni porte-manteau, ni selle, sans un billet du capitaine commandant l'escadron.

6o4.

Certificat du chirurgien pour monter sur les voitures.

Aucun cavalier, brigadier ou sous-officier n'a le droit de monter sur les équipages, s'il n'est porteur d'un certificat du chirurgien-major.

6o5.

Malades, et autres individus placés aux voitures.

On place sur les voitures les cavaliers malades et hors d'état de faire route à pied, les nourrices avec leurs enfans, les autres enfans et les autres femmes.

Les personnes appartenant au premier escadron peuvent être sur la voiture particulière du régiment.

Lorsque la gravité de quelque accident ou le nombre des malades l'exige, le colonel ordonne que l'aide-chirurgien marche avec les équipages.

A l'arrivée des équipages, les malades, les convalescens, les écloppés, sont visités, et pansés si besoin est, au corps-de garde de police, ou, s'il se peut, dans une des salles de la mairie, par le chirurgien-major, assisté ou suppléé par son aide.

6o6.

Hommes mariés et ouvriers démontés et mis au service des équipages.

Les hommes mariés et les ouvriers qui montent rarement à cheval doivent, autant que possible, être mis à pied pour la route. Ils restent aux équipages et en font la garde pendant la marche ; ils en font aussi le chargement avec les convalescens capables de quelque service.

607.

Quand le nombre des hommes de garde aux équipages est insuffisant pour le chargement, la garde de police y est employée ; mais celui qui s'absenterait par mauvaise volonté ou paresse serait sévèrement puni.

Garde de police employée quelquefois aux chargemens.

608.

Dès que les voitures sont arrivées, elles sont, ainsi que les équipages, sous la surveillance et la responsabilité de la garde de police ; et lorsque les localités exigent une sentinelle, l'officier d'équipages la fait fournir par quelques-uns des hommes qui en forment la garde en route, et par la garde de police concurremment.

Voitures arrivées confiées à la garde de police.

609.

Il fait toujours en sorte de partir assez matin pour arriver sinon avant, au moins peu après le régiment. A cet effet, il prend toutes les mesures nécessaires pour que les voitures puissent être chargées la veille ; il envoie le vaguemestre ou le brigadier recevoir du trésorier l'ordre que cet officier a dû prendre à son arrivée ; muni de cet ordre, le sous-officier se rend chez le préposé et s'entend avec lui pour les faire amener.

Voitures chargées la veille.

La voiture qui doit être chargée et marcher

la première est toujours celle qui porte la caisse
et les archives du régiment.

610.

Pendant la route, le commandant des équipages ne permet pas qu'aucun homme de leur
garde s'en éloigne, sous quelque prétexte que
ce soit.

A leur arrivée au gîte, il ne laisse remettre les
billets de logement que lorsque les voitures sont
déchargées et les équipages déposés dans l'endroit
à ce destiné.

Hommes de garde aux équipages. — Leurs billets de logement.

611.

Aucun cheval, sous quelque prétexte que ce
soit, ne peut être attaché aux voitures d'équipages.

On ne peut attacher de chevaux aux voitures.

Punitions.

612.

Les officiers de tout grade aux arrêts simples
marchent à leur rang; les officiers supérieurs et
d'état-major aux arrêts de rigueur ou en prison
marchent, sans armes, à la queue du premier
escadron; les autres, également sans armes, à la
queue de leur escadron. Tous reprennent leur
punition à l'arrivée au logement.

Les sous-officiers détenus à la salle de discipline, en prison ou au cachot, marchent avec
l'arrière-garde.

Les brigadiers et cavaliers mis à pied pour un

Place des officiers, sous-offi-ciers et ca-valiers pu-nis.

ou plusieurs jours, ceux à la salle de police ou en prison, marchent avec l'arrière-garde, l'habit retourné, et leurs chevaux à la queue du régiment.

Les condamnés à pied pour moins d'un jour marchent avec l'avant-garde.

613.

Les sous-officiers sont, pour négligence, renvoyés aux équipages; et pour infraction formelle aux ordres, mis à pied.

Tout sous-officier ou cavalier qui y contrevient par mauvaise volonté est puni d'une journée de marche pour la première fois, et de deux journées pour la seconde; la troisième fois, le cavalier est mis à pied pour toute la route, et le sous-officier est cassé.

Punition pour négligence, etc.

614.

Pour s'être enivré ou pour avoir fait du bruit chez un hôte, la peine est d'une journée de marche; elle est d'une demi-journée pour être arrivé trop tard d'un quart d'heure à un rassemblement.

Punition pour s'être enivré, pour avoir fait du bruit, pour retard.

615.

Celui qui, pendant la marche d'un gîte à l'autre, encourt une punition, est conduit et consigné à l'arrière-garde par le maréchal-des-logis ou le brigadier de semaine.

Punition pendant la marche.

Dispositions générales.

616.

Escadrons détachés. Les escadrons et détachemens logés dans des communes voisines du gîte principal du régiment doivent y établir, pour la police de la troupe, un poste de surveillance, dont le commandant se conforme à tout ce qui est prescrit ci-devant, art. 599.

Le service s'y-fait, d'ailleurs, comme il vient d'être réglé.

Les commandans des gardes extérieures, lorsqu'il y en a d'établies, et ceux des escadrons détachés, envoient toujours une ordonnance au colonel, avec le rapport de leur établissement.

Ces ordonnances sont logées avec la garde ou par les soins de l'adjudant, et sont toujours prêtes à marcher.

617.

Devoirs généraux des adjudans. L'adjudant-major, aidé par les adjudans, fait faire les signaux pour toute espèce de service, préside aux appels, reçoit, à la garde de police, celui du soir, quand les escadrons le font isolément, et commande le service des officiers à l'ordre de l'arrivée.

618.

Devoirs généraux du major et du capitaine de distributions. Le major, et sous ses ordres le capitaine de distributions, surveillent et dirigent toutes les distributions; l'un et l'autre s'occupent de toutes les réclamations sur l'établissement du régiment en général, et sur le logement de ses fractions.

Il est bien entendu que, si le major est absent ou resté au dépôt, il doit être suppléé aux escadrons ainsi qu'il est dit article 54.

619.

Les capitaines répondent de l'exactitude des officiers et sous-officiers des escadrons à remplir les fonctions qui leur sont prescrites. Les uns et les autres doivent être munis, pour le voyage, d'une copie du présent ordre de route.

Devoirs généraux des capitaines.

Quand un homme déserte en route, son signalement est envoyé de suite, par le capitaine-commandant, au major, qui le fait passer aux commandans de la gendarmerie du département où se trouve le corps et des départemens voisins, au préfet et au commandant de la gendarmerie du département du déserteur.

620.

Toutes les sonneries, tant habituelles qu'imprévues, sont répétées par les trompettes de chaque escadron, au centre de son quartier, sous la responsabilité du maréchal-des-logis-chef, qui doit, autant que faire se peut, les loger avec ou près de lui.

Devoirs des trompettes.

Le trompette-maréchal-des-logis commande, la veille, les trompettes qui doivent se réunir le lendemain pour sonner le réveil.

621.

Quart de ration d'avoine après l'arrivée en été. — Pansages.

En été, le régiment arrivant de bonne heure au nouveau gîte, les cavaliers font manger de suite à leurs chevaux un quart de ration d'avoine qu'ils ont eu soin de prélever sur celle du matin; mais ils ne les dessellent qu'après les distributions, et alors il les font boire et leur donnent du foin.

Dans l'hiver, on fait un pansage en règle avant de partir, et le soir on n'en fait qu'un léger.

622.

Atelier du maître sellier. — Soin des vétérinaires.

Dès que les équipages sont arrivés, le maître sellier établit son atelier au voisinage du corps-de-garde ou des équipages pour faire les réparations nécessaires.

De leur côté, les vétérinaires disposent tout ce qu'il faut pour le pansement.

623.

Visites de corps.

Quand il y a visite de corps, les officiers en sont prévenus à l'ordre et ne peuvent s'en dispenser. Les visites de corps sont réputées objet de service.

CHEFS DE DÉTACHEMENS.

624.

Tout commandant de détachement, quel que soit son grade, est par cela seul revêtu de toute l'autorité du commandant d'un régiment, pour le service, la police et la discipline.

Autorité.

625.

Si le détachement ne sort que pour peu de jours, il suffit que l'officier qui le commande soit porteur d'un contrôle nominatif des hommes, et d'une situation des chevaux, avec indication des escadrons auxquels les uns et les autres appartiennent.

Contrôles, registres, etc.

S'il doit être de longue durée, l'officier commandant est muni :

1°. De l'ordre de départ et d'une instruction par écrit sur l'objet et le service du détachement;

2°. D'une feuille de route ;

3°. D'un certificat de cessation de payement dûment légalisé, et mentionnant par grade le nombre d'officiers, sous-officiers et cavaliers du détachement;

4°. D'un livret de solde ;

5°. Du contrôle nominatif, et par rang de bataille, des sous-officiers et cavaliers, pour faire les appels et pour commander le service ;

6°. Du contrôle annuel des officiers, sous-officiers et cavaliers, par escadron, avec leur signalement et le numéro au registre matricule ;

7°. Du contrôle annuel des chevaux, également par escadron, avec le numéro et le signalement de chaque cheval, et à côté le nom de l'homme qui le monte ;

8°. De l'état détaillé des effets d'habillement, grand et petit équipement de chaque homme, ainsi que des effets de harnachement de son cheval. (Le nom de l'homme et celui du cheval doivent être inscrits lisiblement sur la pointe de l'arçon gauche de devant, au-dessous du quartier de la selle.)

9°. De l'état de situation de la masse de linge et chaussure de chaque homme ;

10°. D'un registre pour inscrire les mutations des hommes et des chevaux ;

11°. D'un registre pour inscrire les recettes et dépenses de toute espèce, relatives à la solde et aux masses ;

12°. D'un registre pour inscrire les distributions de subsistances en tout genre ;

13°. D'un registre pour inscrire, d'une part, la recette ; d'autre part, la distribution des effets d'habillement, équipement et harnachement qui pourraient lui être fournis des magasins du régiment ou de ceux de l'état. Les distributions y doivent toujours être enregistrées nominativement ;

14°. D'un registre pour inscrire le produit de la vente des fumiers, s'il y a lieu, ainsi que les dépenses d'achat et d'entretien des ustensiles d'écurie;

15°. D'un registre de correspondance;

16°. D'imprimés de feuilles de prêt, de feuilles d'appel, de feuilles de décompte, de billets d'hôpital, et de signalement de déserteurs;

17°. D'un modèle de procès-verbal pour constater la mort d'un cheval.

626.

En route, il doit rendre visite aux officiers généraux et commandans d'armes, et en arrivant à sa destination, aux autorités civiles et militaires.

Visites en route.

627.

Il doit observer scrupuleusement, tant en route qu'à sa destination, les instructions particulières qui lui ont été données, ainsi que l'ordre de service, les règles de police et d'administration établies au régiment, tant à l'égard des appels, de la tenue, de l'instruction, des pansages, qu'à l'égard des distributions de fourrages, réparations du ferrage, etc. etc.; s'en rapprocher toujours le plus possible, s'il est dans l'impossibilité absolue de s'y conformer littéralement; et soumettre à l'approbation du commandant du corps les modifications que nécessiteraient les localités ou les circonstances.

Ordre de service du régiment suivi autant que possible.

628.

Mutations. — Comptes à rendre.

Il doit inscrire avec une grande exactitude sur le registre à ce destiné les mutations de toute nature qui peuvent survenir parmi les hommes et les chevaux, en rendre compte au major au fur et à mesure qu'elles ont lieu, ou du moins aussi fréquemment que possible, afin de le tenir au courant ; se conformer à tout ce que prescrivent les règlemens à l'égard de chaque mutation ; entretenir une correspondance suivie tant avec le lieutenant-colonel qu'avec le major, chacun pour ce qui rentre dans ses attributions ; enfin adresser au commandant du régiment, ou toutes les semaines, ou tous les quinze jours, ou tous les mois, selon que les distances ou les circonstances le permettent, un rapport général et détaillé sur tout ce qui concerne son détachement.

629.

Retour au régiment.

Lorsque sa troupe doit rejoindre le régiment, il se munit, avant son départ, d'une cessation de payement en bonne forme. Il s'assure que les dégradations qui peuvent exister au quartier, ainsi que les détériorations qui pourraient avoir été faites aux fournitures de casernement soient constatées et réparées aux frais de qui de droit.

A son retour au régiment, le détachement est inspecté par le colonel ou le lieutenant-colonel s'il est commandé par un chef d'escadron, par le chef d'escadron de semaine s'il est commandé par un officier, et par l'adjudant-major de semaine s'il est commandé par un sous-officier : en conséquence, le commandant du détachement doit faire prévenir le lieutenant-colonel de l'heure présumée de son arrivée, assez à temps pour que celui de ces officiers qui doit l'inspecter puisse le faire à l'instant de son arrivée sur la place ou au quartier.

Le commandant du détachement remet au lieutenant-colonel les certificats de bien vivre des autorités locales. Il se présente ensuite chez le colonel pour lui rendre compte, ainsi qu'il a dû le faire au lieutenant-colonel, de tout ce qui concerne le détachement. Il rend aussi compte au major et au trésorier de ce qui regarde l'administration et la comptabilité; aux commandans des divers escadrons qui avaient des hommes à son détachement, de tout ce qui intéresse ces hommes et leurs chevaux, sous les rapports de la police et de la comptabilité en deniers ou en distributions, comme sous ceux de l'habillement, de l'équipement, de l'armement, du harnachement, du ferrage, des médicamens, du casernement, etc. etc. ; enfin il consomme, sans nul retard, en produisant les pièces à l'appui, les divers comptes auxquels son détachement a pu donner lieu avec chacun d'eux, ainsi qu'avec le trésorier et les officiers chargés de détails.

IMPRESSION DU RÈGLEMENT.

63o.

Le présent Règlement sera imprimé en entier pour MM. les officiers et pour les adjudans.

On en imprimera un *Extrait à l'usage des sous-officiers et brigadiers*, lequel comprendra les devoirs du maréchal-des-logis-chef, ceux des maréchaux-des-logis, du brigadier-fourrier, des brigadiers et des trompettes; le détail et les heures des sonneries pour le service journalier; la consigne de la garde de police, celle des gardes d'écurie; le service des vétérinaires, celui du vaguemestre; le titre des marques extérieures de respect, ceux des permissions et punitions en ce qui concerne les sous-officiers, brigadiers et cavaliers, et celui des réclamations.

On imprimera encore, en un cahier séparé, le Titre des routes dans l'intérieur et celui des chefs de détachemens. Ce cahier sera distribué à tous les officiers et sous-officiers au premier départ du régiment, ainsi qu'à ceux qui seront envoyés en détachement. Aux autres départs, on ne le donnera qu'à ceux qui ne l'auront pas.

Enfin, on imprimera et on fera afficher, savoir : dans les chambres, les devoirs du brigadier de chambrée seulement; dans les écuries, la consigne des gardes d'écurie; dans le corps-de-garde de la garde de police, la consigne de cette garde et celle des gardes d'écurie.

FIN.

www.ingramcontent.com/pod-product-compliance
Ingram Content Group UK Ltd.
Pitfield, Milton Keynes, MK11 3LW, UK
UKHW021710130726
13696UKWH00004B/1722